CATALOGUE

DES

GENTILSHOMMES

DE LA MARCHE ET DU LIMOUSIN

QUI ONT PRIS PART OU ENVOYÉ LEUR PROCURATION AUX ASSEMBLÉES DE LA NOBLESSE
POUR L'ÉLECTION DES DÉPUTÉS AUX ÉTATS GÉNÉRAUX DE 1789

Publié d'après les procès-verbaux officiels

PAR MM.

LOUIS DE LA ROQUE ET ÉDOUARD DE BARTHÉLEMY

PARIS

| E. DENTU, LIBRAIRE | AUG. AUBRY, LIBRAIRE |
| AU PALAIS-ROYAL | 16, RUE DAUPHINE |

1863

Tous droits réservés.

AVERTISSEMENT.

Le comté de la Marche, confisqué par Louis XI, avec les biens de ce comte d'Armagnac, auquel il fit trancher la tête en 1477, fut donné en apanage à Pierre de Bourbon, Sire de Beaujeu, mari d'Anne de France.

Pierre n'eut qu'une fille, Suzanne, mariée au connétable Charles de Bourbon, tué sous les murs de Rome, en 1527. La Marche fut de nouveau confisquée et réunie définitivement à la Couronne, par François Ier, en 1531 (1).

Cette province était divisée en Haute et Basse-Marche, bornée au nord par le Berry et le Poitou, à l'est par l'Auvergne et le Bourbonnais, au sud par le Limousin, à l'ouest par l'Angoumois et le Poitou. Elle correspond aujourd'hui au département de la Creuse, et à une partie de celui de la Haute-Vienne.

Le Limousin, qui confinait à la Marche, à l'Auvergne, au Quercy et au Périgord, faisait partie du patrimoine de Henri IV,

---

(1) Les comtes de La Marche portaient : « Semé de France, à la bande de gueule chargée de trois lionceaux d'argent. »

et fut réuni au domaine de la Couronne par l'avénement de ce prince, en 1589.

Il était entré dans la maison d'Albret par le mariage de l'héritière des anciens vicomtes de Limoges avec Alain d'Albret, trisaïeul maternel de Henri IV.

Limoges était le chef-lieu d'une Généralité importante qui comprenait trois évêchés, quatre présidiaux, trois sénéchaussées royales et cinq élections. Le gouvernement militaire se réduisait à peu de chose depuis la destruction des principales forteresses d'Ussel et d'Uzerches. Cette dernière place avait une telle réputation de défense, qu'elle avait donné lieu à ce proverbe populaire : « Qui a maison à Uzerches a château en Limousin. »

« Il n'y a presque pas une maison, à Uzerches, qui n'ait l'air d'un petit château à l'antique. On n'y voit que tourelles et pavillons, le tout couvert d'ardoises. On tient que Pépin, combattant Waïfre dans l'Aquitaine, fit bâtir cette place et la fortifia de dix-huit tours, dont l'une est encore appelée la tour de Léocaire, parce que ce fut dans cette tour que le même prince fit couper la tête à Léocaire, maire de son palais (1). »

La province du Limousin (2) correspond au département de la Corrèze et à une partie de celui de la Haute-Vienne.

---

(1) La Martinière, *Dictionnaire géographique, historique et critique*. 1768, VI, 251.
(2) D'Hozier lui a donné pour armes : « D'argent parti de gueule, chappé de l'un en l'autre. »

Paris, 20 décembre 1863.

CATALOGUE

DES

GENTILSHOMMES DE LA MARCHE.

SÉNÉCHAUSSEE DE LA BASSE-MARCHE.

Procès-verbal de l'Assemblée générale des Trois Ordres, réunie en la ville du Dorat, capitale de la province (1).

16 mars 1789.

(*Archiv. imp.*, B. III., 24. p. 135, 162-189.)

NOBLESSE.

Paul de Nollet, chevalier, Sgr comte de Laypaud, conseiller du Roi en tous ses conseils, sénéchal d'épée de la province de la Basse-Marche, capitaine de cavalerie, chevalier de Saint-Louis.

Jacques, marquis Dutheil, chevalier, Sgr de la Rochère, Lage Malcouronne, capit. de dragons, chevalier de Saint-Louis.

Paul-Jean, comte de Chamborant, chevalier, Sgr de Saint-Martial et Mascloux, baron de Droux et de Somburaud, lieutenant des maréchaux de France à Bellac.

Pierre Buffière, chevalier de Saint-Louis, ci-devant capitaine d'infanterie au régt de Bourgogne, et pour

— La dame Sylvine de Robert de Villemartin, dame de Villemartin, veuve de feu Messire Antoine-Amable Dubreuil-Hélion, chevalier, Sgr de Laguéronnière, Combes, Villègue, Lusigny et autres places, ancien capitaine au régt de Picardie.

---

(1) Nous croyons devoir faire observer qu'un certain nombre de familles nobles ont pu ne pas figurer dans les assemblées de la Marche, pour cause d'absence, de maladie ou d'abstention.

Antoine Petiaud, chevalier, Sgr de Manadeau et de la Rivallerie, chevalier de Saint-Louis, capitaine de cavalerie.

Pierre-Thibaut-Marie Barthon, comte de Montbas, Sgr du haut et bas Monteil, Escurat, Thoras et autres lieux, et pour

— Gui-André-Pierre, duc de Laval, chef des nom et armes de sa maison, maréchal de France, gouverneur de la province d'Aunis, grand'croix de Saint-Louis, commandeur de Saint-Lazare, etc. ;

— Marguerite de Vertamont, comtesse de Lavaud, dame du fief Dumas-en-Marche, et autres lieux.

Joseph Chardebœuf Derive, chevalier, Sgr de Tibarderie.

Jean-François, vicomte de Verime, chevalier, Sgr de Lascoux et de la Faverie en partie, ancien chevau-léger de la garde ordinaire du Roi, et pour

— Joseph de Vérime, chevalier, Sgr de Saint-Martin de Meaux ;

— Gaspard-François Thaveaud, chevalier, Sgr de Lagecourbe, Reaucourt et autres lieux.

Louis-Charles-Alexandre de Roffignac, chevalier, Sgr de la Salle.

Jean de Saint-Martin, chevalier, Sgr marquis de Bagnac, Sgr de Villemeixent, le Breuil-Ferrant, la Rochelle et Martineix en partie.

Michel, chevalier de Saint-Martin de Bagnac, officier au régt de Bourgogne-cavalerie, Sgr de Martineix en partie.

Joseph, comte de Montbet, chevalier, Sgr de la Tuche, Nollet, le Bourg-Archambault et autres places, chevalier de Saint-Lazare, ancien capitaine de cavalerie.

Mathieu-Alexandre Guyot du Dognon, chevalier, Sgr de Saint-Quentin et de la Motte du Dognon, ancien chevau-léger de la garde ordinaire du Roi, capitaine de cavalerie, et pour

— François de Couet de Lusignan, chevalier, Sgr de Labeige ;

— Pierre de Risseuil, chevalier, Sgr de Monette.

Henry Guyot, chevalier, Sgr de Messignac.

Thibaut de Labroue, chevalier, vicomte de Vareilles, mestre de camp de cavalerie, chevalier de Saint-Louis, Sgr de Vareilles, La Motte d'Autera et autres lieux, et pour

— Charles de Villedon, chevalier, Sgr de Gournay la Chevalière, Vauzette, Lavaux, Chermepin les Plats, Lamondy, Fauné et autres lieux, chevalier de Saint-Louis, capitaine de cavalerie ;

— Antoine-François Authebert, Sgr de Létang.

Mathieu de Tisseuil, chevalier, Sgr d'Euraud, lieutenant d'artillerie, pensionné du Roi, et pour

— François de Tisseuil, chevalier, Sgr baron d'Usseries, Chatelanet ;

— De Royer, Sgr du Fouilloux et autres lieux.

André-Victor Colin de la Brunerie, chevalier de Saint-Louis, ancien capitaine au régt de Brie, chevalier, Sgr de la baronie d'Azac-le-Ris et châtellenie de la Bazeuge et du fief de la Peyrière.

Louis-Jacques Estourneau, chevalier, Sgr de Pinnoteau, Labruneterie, Ricoux, Légué Salomon, la Grande-Roche et autres lieux, ancien mousquetaire gris de la garde du Roi, et pour

— La dame Marie-Henriette Duperon, veuve de Messire François de Mallevaud, chevalier, Sgr de Marigny, dame de Pomereix et du Pin Greland ;

— François, marquis de Ferré, chevalier, Sgr de la Jarandie, Roue, Daré et la Tourail, Frédière et autres lieux, chevalier honoraire de Saint-Jean de Jérusalem, ancien officier de carabiniers.

Jean-Armand Authebert, chevalier, Sgr de Lage du Faix et de Mons, ancien capitaine de cavalerie;
— François Authebert, Sgr des Ambamas, de Bédoux et du Chés;
— La dame Marie-Anne Boétaud, veuve de Pierre de Puiguion, chevalier, Sgr de Lagauverie, ancien capitaine au régt de Flandre, chevalier de Saint-Louis;
— Gédéon-Joseph, marquis de Roffignac, chevalier, Sgr de Sannart, Balledan, Quinsac et autres lieux. capitaine au régt de la Reine-cavalerie.

Jacques, marquis Dutheil, capitaine de dragons, etc., et pour
— La dame Marie-Geneviève Coussaud, épouse de Messire François de Tessières, chevalier, Sgr de Bois-Bertrand, Lage, Cantaud et autres lieux, capitaine d'infanterie au régt de Bourgogne;
— Louis Dutheil, chevalier, Sgr de Puissebert;
— Nicolas Dutheil, Sgr de Villevert.

Louis-Gabriel de Courivaud, chevalier, Sgr de Roges et de la Petite Rie, pensionné du Roi et ancien garde du corps, et pour
— Louis-Félicité-Omer, comte d'Etampes, capitaine de cavalerie dans le régt des Evêchés, au nom et comme tuteur de demoiselle Aline-Geneviève d'Etampes, dame de la terre d'Etampes, sa fille mineure et de feue Anne-Angélique-Félicité Le Camus, son épouse, ladite demoiselle dame encore de la terre de Persac;
— Louis-Marie-Bonaventure Frottier, chevalier, Sgr de la châtellenie de la Messelière et autres lieux, ancien capitaine de cavalerie.

Jérôme-Augustin de la Porte, chevalier, Sgr de Veaud, Lage, Bougrin, Fontvalet et autres lieux, ancien officier de grenadiers au régt de Paris, et pour
— Pierre de Loudiux, chevalier, Sgr de Champagnac.

Gabriel Dutheil, chevalier, Sgr de la Font et autres lieux, ancien officier d'infanterie, et pour
— D^{lle} Marie-Louise Dutheil, propriétaire du fief de Villevert;
— Dame Silvine de Paradis, veuve de Pierre de Paradis, chevalier, à cause de son fief de Pouillac.

Louis de Féré, chevalier, Sgr d'Esperuges Tisain.

André Guyot, chevalier, Sgr d'Anières, du Cluzeau, Laforêt, Villedon, Lesignac, etc., et pour
— François Martial d'Emontiers (des Montiers), vicomte de Mérinville et de Brigeuil, baron de Montralet et de Montracher, Sgr de Rochelidon, Château-Brun, La Fresse et autres lieux, lieutenant général des armées du Roi, chevalier de l'aigle blanc de Pologne;
— Philippe-Hugues-Anne-Rolland-Louis, comte de Lusignan, lieutenant général des armées du Roi, Sgr propriétaire de la terre et seigneurie de la Cote au Chapt, Sgr de Boismeunier.

Mathieu de Tisseuil, chevalier, Sgr d'Euraud, officier d'artillerie, et pour
— Victurnien-Jean-Baptiste-Marie de Rochechouart, duc de Mortemart, pair de France, prince de Thonet-Charente, baron de Baye-sur-Seine,

Sgr d'Everli, Availle, Serre et Ozat, Lussac-les-Châteaux et autres lieux.

Jacques de Lary, chevalier, Sgr de la Berge, Peytaveaux, Lacoux et autres lieux, ancien chevau-léger de la garde du Roi, et pour
— René de Moris, chevalier, Sgr du Peux et du fief de Labarde et autres fiefs en Marche.

Jean-Baptiste-Antoine de la Couture-Renom, chevalier, baron Sgr de Beré, Richemont, Langerie, Villerajouse et autres lieux, et pour
— François de la Porte, chevalier, Sgr de Chapelle, Vivier, le Theil, Haut-Servent.

Joseph-Marie Boireau, écuyer, Sgr de Vilaine, à cause de la dame son épouse, et pour
— François de Moris, chevalier, Sgr de Villard et Villedard.

René-Hilaire Feydaud, chevalier, officier au régt de Médoc, et pour
— René-Joseph Feydaud, chevalier, baron de Reyssoneau.

Charles-Louis de Saint-Garraud, chevalier, Sgr de Traillebaud, partie du fief de Lalande et de la terre de Juyer, à cause de la dame son épouse, chevalier de Saint-Louis, et pour
— Jean de Saint-Garraud, chevalier de Trallebaud, ancien gendarme de la garde du Roi, Sgr des fiefs de Malhetard et de Fleix.

François de Lagrange, écuyer, Sgr de la Pardoneie, Faux et Vieux-Tisons.

Paul, chevalier de Nollet, chevalier, Sgr de Beaupin, paroisse de Saint-Quentin, capitaine de cavalerie, chevalier de Saint-Louis.

Joseph, comte de Montbet, et pour
— Antoine Lignaud, comte de Lussac, Sgr du fief de Lusaçois.

Jean de Saint-Martin, chevalier, Sgr de Villemaixent, La Rochette, Martineux, Le Breuil, Serrant, marquis de Bagnac, et pour
— Jean-Baptiste, comte de Brette, chevalier, Sgr marquis du Cros de Cieux, la Vilotte, Lachapelle, Rigebon, Le Mas Rochet et autres lieux;
— Jean-Bonaventure Girard, chevalier, Sgr du Deffant, ancien capitaine d'infanterie, chevalier de Saint-Louis.

Pierre de Lassac, écuyer, Sgr de la Cume et de Verrac, La Faye et autres lieux, chevalier de Saint-Louis, capitaine de cavalerie, brigadier des gardes du corps, compagnie de Luxembourg, pensionné du Roi.

Jean-Marie-Laurent de Rerac, chevalier, Sgr de Mallibert, d'Ambamas et Lanbage des Ambamas, à cause de la dame son épouse, ancien garde du corps pensionné, et pour
— Charles Tardieu, chevalier, marquis de Mulezy, maréchal des camps et armées du Roi, chevalier de Saint-Louis, Sgr de l'Isle Jourdain, le Vigean, Fontaine-les-Riboux et autres lieux.

Gabriel Begon de Beauçais, chevalier, Sgr de Beauçais, et pour
— Etienne le Vaillant de Gueli, chevalier, Sgr de la baronie de Puisbelin;
— Louis-Jean de Courivaud, chevalier, Sgr des Loges, garde du corps du Roi, chevalier de Saint-Louis.

Paul de Chamborant, chevalier, Sgr de la Boissonie, ancien lieutenant d'infanterie.

Charles-Barthélemy de Saint-Fief, chevalier, Sgr en partie de Gorce, Pleuville, Labussière, Lage, Maranche et Sallemagne, capitaine d'artillerie.

Gaspard de Saint-Savin, chevalier, Sgr de Commercat.

Jacques-Alexis de Chamborant, chevalier, Sgr du Périssac, capitaine au second régt des chasseurs des Pyrénées, chevalier de Saint-Louis.

Alexandre-Louis de Gracieux, écuyer, Sgr de Beauchesne, La Rivière-Gauché et de Muspinard, ancien gendarme de la garde ordinaire du Roi, pensionné du Roi.

Jean-Nicolas-Hilaire de Gracieux, écuyer, Sgr de Laronde.

Philippe-Jean Déguillon, chevalier, Sgr de Bréjon, et pour
— Jacques Chauvelin, chevalier, Sgr de Beauregard et autres lieux, capitaine au régt des chasseurs de Normandie.

Simon de Balon, chevalier, ancien officier au régt de Médoc, pensionné du Roi.

Pierre de Grandsagne, chevalier.

Jacques-Louis-Vincent Dargence, chevalier.

Jean-Baptiste-Joseph de la Couture-Renom, chevalier, Sgr de la Grange-Villedon.

Marie-Louis-Robert de Lary de la Cote, chevalier, Sgr de Ligardèche, garde du corps du Roi, capitaine de cavalerie.

Jacques Duverrier, chevalier, Sgr de Boulsac, représenté par M. de Saint-Fief.

François Guyot Dudognon, *aliàs* du Dognon, chevalier, ancien capitaine d'infanterie, chevalier de Saint-Louis, et pour
— Dame Françoise-Charlotte Gracieux, veuve de feu Messire de Couet de Lusignan, chevalier, Sgr de Fayolle, Commersat, Marsillac et autres lieux.

Paul, vicomte de Nollet, chevalier, Sgr du Mas Dubost, ancien officier au régt de Royal-Cravatte-cavalerie, et pour
— Dame Marie Robinaud, veuve de feu Sieur de la Salle, écuyer, conseiller secrétaire du Roi, propriétaire du fief de Thoverat.

Jacques-Gilbert Dupin, chevalier, Sgr de Saint-Barbent, et pour
— Jacques et Jean Dumonard, écuyer, Sgrs du fief du Rignaud en la paroisse de Brilhad.

Léonard de Marsange, chevalier, Sgr de la Cote, officier d'infanterie.

François Guyot Dudognon, pour
— Dame Jeanne Dutheil, veuve de Messire Antoine de Marsange, vivant officier d'invalides.

Pierre Cherac de Montbron, chevalier, Sgr de Drouille, et pour
— Dlle Suzanne Joubert de Labalide de Châteaumorant.

Louis de Coustin, chevalier, Sgr de Roche.

Ardent de Bœnes et autres lieux (*sic*), ancien capitaine d'infanterie, et pour
— Alexis Bonin de Grandmont, écuyer, Sgr de Puimartin, des Monts, de Marandais, de Bioussac et de Chabanne;
— Vincent de Bonin de Laveaud-Bois, prieur-curé de la Celle-Dunois, Sgr de la Bastide, paroisse de Rançon.

Antoine de Pair, chevalier de Liboureix, Sgr en partie dudit lieu et de la Treille, et pour

— Dame Marie Aubout de Stévein de la Maison-Rouge, veuve de Messire Charles Barbier de Blamont, Sgr de Barneuil et de Champeix, vivant officier de dragons, chevalier de Saint-Louis.

Jean-Bernardin Feydaud, chevalier, Sgr de Saint-Christophe de Montel, de Buisson, Maffraud, chevalier de Saint-Louis, retiré major du régt de Médoc, pensionné du Roi.

Jean-Baptiste-Alexandre Fauconnier, écuyer, officier au régt de Royal-Champagne-cavalerie, et pour

— François Fauconnier, écuyer, Sgr de Lage Meillot et des Forges.

Nicolas-Maurice de Sornet, chevalier, Sgr de Purey et autres lieux, ancien capitaine de cavalerie, chevalier de Saint-Louis.

Joseph Dupeyrat, chevalier, Sgr baron de Thouron, ancien officier au régt de Royal-dragons.

Joseph Dapeyrat, chevalier, Sgr Desmas.

Pierre-Joseph de Bolinard-Desroches, chevalier, ancien gendarme (de la garde du Roi), lieutenant de cavalerie, pensionné du Roi, et pour

— Jean-Baptiste Bolinard, chevalier, capitaine de cavalerie, ancien maréchal des logis du corps de la gendarmerie, chevalier de Saint-Louis.

Henri-Léonard, comte de La Châtre, jouissant du fief de Leyraud, capitaine au régt de Guienne-chasseurs, chevalier de Saint-Louis.

François-Sylvain Dargence, l'aîné, ancien capitaine commandant au régt de Barrois-infanterie, chevalier de Saint-Louis, chevalier, Sgr Desgranges, et pour

— Louis-Jacques Dargence, son frère, ancien garde du corps, chevalier, Sgr du Repaire et autres lieux.

Gaspard de Saint-Savin, Sgr de Commersac, pour

— Pierre de Lassac, écuyer, Sgr de Pressigny, paroisse de Saint-Barbent.

En conséquence, il fut donné acte de leur comparution à tous les gentilshommes susdits, tant du siége principal du Dorat que du siége secondaire de Bellac, et défaut contre :

La dame de Lambertye, veuve de Beaucorps, chevalier, dame de Saint-Firmin-la-Marche.

Messire de Nieuil, Sgr de Dompierre.

Prevost de la Vauzelle.

Madame de Tanne.

De Mansier.

De Mossac.

Mlle Dutheil, dame Ducousteau.

Doradour, Sgr de Champelière.

De Savatte.

Frottier, marquis de Bagneux, Sgr de Lescorcière.

Mme la maréchale d'Armentière.

Le comte de Beauvais.

Monneix, chevalier, Sgr de Laleu.

Monneix, chevalier, Sgr d'Ordière.

Mlle de Vic.

Mme veuve Authebert de la Bernardière.
De la Cropte de Saint-Abre, vicomte de Rochemeau.
De Barbarin, Sgr Dubost.
De Laveaud de Saint-Etienne.
Fausset.

L'Assemblée de la Noblesse fut tenue en l'hôtel de feu messire François de Mallevaux, chevalier, Sgr de Marigny, ancien lieutenant général de ce siége (1).

SÉNÉCHAUSSÉE DE LA HAUTE-MARCHE.

Procès-verbal de l'Assemblée générale des Trois Ordres de la sénéchaussée de la Haute-Marche, tenue à Guéret.

16 mars 1789.

(*Archiv. imp.*, B. III., 68. p. 32, 50-62.)

NOBLESSE.

Alexandre-Philippe-François Mérigot, chevalier, marquis de Sainte-Feyre, Sgr dudit lieu, de Clameyrat, Lage-Rideaux, Chantemille et autres places, sénéchal, grand-bailli d'épée de cette province.
Germain Doyron, chevalier, Sgr de Cherignat et autres lieux, et pour
— Germain de Pichard, chevalier, Sgr de Villemonteix ;
— Marc-Antoine de Gentil de Brutine, Sgr dudit lieu.
Etienne-Charles de Nesmont, chevalier, Sgr de Banassat, la Chassagne, etc., et pour
— Dame Jeanne Le Gay, veuve de messire Jean de Gentil, écuyer, Sgr de Rozier ;
— Dame Catherine Doyron, veuve de messire Marc-Antoine Duleris.
Pierre de Courtille, chevalier, Sgr de Saint-Avis, et pour
— Gilbert-Annet de La Salle, chev., marquis et Sgr de Saint-Georges ;
— Antoine de la Jomard de Belabre, à cause de son fief de Belabre, paroisse de Bujaleuf.

---

(1) Le siège principal de la Basse-Marche avait été établi en la ville du Dorat, comme capitale, par édit de Charles IX, le 15 janvier 1561 (*Archiv. imp.*, B. III, 24, p. 8, 12), et le siège particulier à Bellac, par édit de février 1572 (*Id.*, p. 12-20).
Le droit de convocation des assemblées pour les Etats Généraux et pour la réunion du ban et de l'arrière-ban appartenait au lieutenant général du Dorat ; c'est sans doute en vertu de ce privilége que l'Assemblée fut tenue en son hôtel.

François-Jean de Courtille, fils dudit Sgr de Saint-Avis.
Marc-Antoine de Maulmont, chevalier, Sgr baron du Chalard, Bujaleuf, Ougnes, Cheyssoux, la Chapelle, Landy, etc., ancien officier au régt de Condé-dragons, et pour
— Jean-Baptiste-Joseph Creilan de l'Hermitte, chevalier, Sgr de la Rivière ;
— Jean-François de Brugière, chevalier, Sgr de Farsal.
Guy-André de Vildon, chevalier, Sgr de Ribagnat, etc., et pour
— Michel de Corbiès, chevalier, Sgr de Pontarion.
Léonard Esmoingt, chevalier, Sgr des Chereaux, Lage, la Mougère, Clavière, Fougeret, etc., et pour
— Daniel-Joseph Sclafert, chevalier, baron de Chenac ;
— Antoine-François-Sylvain Coudert, chevalier, Sgr de Sardent, Saint-Eloy, Roubeaux, les Borderies, etc.
Joseph-Gabriel, comte de Saint-Maur, et pour
— Pierre de Chateaubodeau, chevalier, Sgr du Coudart ;
— Antoine-Etienne Touzat de Saint-Etienne, Sgr de Trasforêt.
Martial-César Morel de Fromantal, chevalier, Sgr comte de la Clavière, Sgr d'Eguzon ;
— Pierre Garat, chevalier, Sgr de Saint-Priest, Moncocu et Ambazate.
Claude-Amable, chevalier de la Pivardière, et pour
— Louis de la Pivardière, son frère aîné.
Annet-Marien de la Pivardière, chevalier, Sgr de la Pivardière, et pour
— Jean-Louis de Lantillat, marquis de Gimel.
Louis-Amable, comte d'Authier de Barmontel, et pour
— Annet Joseph de Maumont, chevalier, Sgr du Monteil, Chartonnet et Chameyroux ;
— Nicolas-Claude-Martin Authier de Chazeron, comte de Villemonteix, son père.
Claude-Alexandre-Joseph, marquis de Brechet, lieutenant général pour le Roi, de la Haute et Basse-Marche.
Louis-Armand-François de Seiglière de Boery, et pour
— Pierre-Armand, vicomte d'Aubusson, comte de la Feuillade, baron de la Borne (1).
Charles, marquis de Biencour, maréchal des camps et armées du Roi, et pour
— Annet-Nicolas Doublet de Persan, marquis de Saint-Germain-Beaupré ;
— Dame Françoise Loubain (Loubens) de Verdale, veuve de messire François-Augustin de Pichard de Saint-Julien.

---

(1) « Et attendu que de l'avis de M. le sénéchal, assisté de M. le marquis de la Roche-Aymon, de M. le comte d'Orfeuille, de M. le comte de Sarazin et de M. de Matterel, marquis de Saint-Mexant, il a été arrêté que l'Ordre de la Noblesse ne prendrait d'autre qualité que celle de *haut et puissant Seigneur*, ledit Ordre ne reconnaît, dans la procuration ci-dessus, que ladite qualité de haut et puissant Seigneur qu'elle a délibéré de prendre (le comte de La Feuillade avait été qualifié dans ladite procuration : très haut et très puissant Seigneur, Monseigneur, etc.) ; comme aussi, sans qu'on puisse rien induire de ce que plusieurs membres de la Noblesse, comparants par procuration ou présents à l'Assemblée, n'ont point pris dans lesdites procurations la qualité de **haut et puissant Seigneur**. » — Comme ces formules n'étaient que de style et ne tiraient point à conséquence, nous les avons supprimées.

Sylvain de la Marche, comte de Crozant, et pour
— Gabriel-François de la Marche, comte de Nousserottes ;
— Pierre Couraud.
Philippe-François Dubreuil de Sourvolles, et pour
— Henri Gattand, Sgr des Lignières ;
— François-Antoine de Saint-Maur de Vervy.
Antoine-Jean-Baptiste de la Celle du Bouchaud, et pour
— Philippe Dargiès-Dupuis, baron.
François-Sylvain de la Celle, vicomte de Châteauclos, et pour
— Elisabeth-Sylvie et Marguerite de la Celle, demoiselles, ses sœurs.
Jean-Baptiste-Antoine Rollin de la Ribière, et pour
— Joseph-Adrien Bahin de Ligniac.
Louis-Charles Tournyol, ancien off. au régt d'Armagnac, et pour
— Dame Henriette de Boiredon, veuve de Georges-Bertrand, marquis de Pouliny.
François-Marie-Anne de Coudert de la Vaublanche, et pour
— Claude-Jacques-Pierre de la Châtre-Destignières ;
— Charles de Magniat, *aliàs* de Magnac, Sgr du Pui-Mal-Signat.
Charles-Honoré Lelarge de Lourdoueix-Saint-Michel.
Honoré-François Dargiès, vicomte de Bernage.
Henri Ajasson, comte de Grandsagne, et pour
— François Ajasson, comte de Grandsagne, son frère germain.
Jean, comte de Brade, lieutenant des maréchaux de France, et pour
— Pierre-Thibaud de Ribereix, Sgr de Nousserolles et le Barteix ;
— Henri-Armand de Ribereix, Sgr de Moneyroux, Clugnal et Jaleiche.
Jean-Baptiste, chevalier de Châteaubodaud.
François Tournyol de Dupeyrat, ancien mousquetaire, et pour
— D^{lle} Henriette-Pulchérie de Biencourt, possédant le fief de Matribu.
Léonard-Alexandre-François de Barthon, comte de Montbas.
Jean-Louis, comte de la Sagne Saint-Georges, Sgr du Mareau, et pour
— Pierre-Gilbert, marquis Dupeyroux, Sgr de Villemonteix.
Joseph-Sylvain-Clément Durieux, et pour
— Antoine-Louis Demadot, chevalier, Sgr de Souliers ;
— Louis de Chaussecourte, Sgr de Pluyaud.
Antoine-Olivier-François Couturier de Fournoues, conseiller d'Etat.
François Tournyol-Durateau, et pour
— Raymond de Garrat, baron de Villeneuve ;
— Jacques-Sylvain, chevalier de Biencourt.
Gabriel-Pierre Rebière de Naillat, et pour
— Dame Marie-Françoise Desardillier de Neuville, possédant divisément le fief de Neuville et Puichaurand, son épouse ;
— Dame Marie Dargier, dame des ville et seigneurie d'Aigurande, veuve de Jean-Marie Secourion.
Jean-Pierre Baret de Beauvais.
Louis Baret des Chaises.
Etienne de Seiglière, baron de Breuil.
Léonard-Louis de Batheon de Vertrieux, et pour
— Marien-Memin du Bouis, marquis de Villemort, Sgr de Vouhet ;
— François de Bertrand, Sgr en partie de Beaumont, Richemont et Cheniers.

François-Claude de Lanet, Sgr de la Garde Giron, représenté par le Sgr de la Celle du Bouchard.
Philibert-Ignace Besse de la Chassagne, ancien lieutenant au corps d'artillerie, et pour
— François Besse Dumas, Sgr de la Dapeyre, son frère.
Louis-François, marquis de la Celle, vicomte de Châteauclos.
Edme-Henri, chevalier de Montagnac, et pour
— Gabriel-Nicolas-Sylvain, marquis de Montagnac, chevalier, Sgr d'Etaut, Saunes, Chenerailles et Lavaud de Mène, son père ;
— Antoine Rollin de Courlatier, Sgr de Noyen.
Alexandre-Philippe-Joseph-François, marquis de Sarazin, lieutenant-colonel, et pour
— Jean-François, marquis de Rochedragon, Sgr de la Vaurelle.
Annet, comte de Saint-Jullien-Saint-Antoine, et pour
—: François Dupeyroux de Saint-Martial et Jean-Louis Dupeyroux de Saint-Martial, père et fils.
Antoine-Charles-Guillaume, marquis de la Roche-Aymon, maréchal de camp, menin de Mgr le Dauphin, à présent Roi.
Jean-Louis de Matterel, marquis de Saint-Mexant, maréchal des camps et armées du Roi.
Yves-Amable, comte de la Rochebriant, et pour
— Joseph, marquis de Lestrange ;
— Léonard, marquis d'Ussel.
François de Courtille, et pour
— François Auboux Dustevenin (*aliàs* de Stévenin), Sgr de Saint-Maurice.
Yves Morin, comte d'Orfeuille.
Barthélemy-Antoine-Daniel de Montfayon, et pour
— Léonard-Daniel, Sgr de Monteil de Montfayon, son père.

On donna défaut contre MM.

Le marquis de Montmort.
Mme de Guitard.
Mme la comtesse de Nadaillac.
Le duc de Caylus.
Le marquis de Turpin.
Dargiès du Bouchetil.
Mme Couraud Despagnes.
Le comte d'Abzac.
Delaforêt.
Le comte de Brosse.
De Jumilhac.
Mme la marquise de Saint-Chamand.
De Beaupêche.
De Ponthe.
Le chevalier d'Orfeuille.
Le comte de Saint-Polgue.
Le marquis de Miranbelle.

LISTE DES DÉPUTÉS DES TROIS ORDRES

AUX ÉTATS GÉNÉRAUX DE 1789.

BASSE-MARCHE.

Le Borlhe de Grandpré, curé d'Oradoux-Fanois.
Le comte de Laypaud, grand sénéchal d'épée.
Lesterpt de Beauvais, avocat en Parlement, au Dorat.
Lesterpt, avocat juge-sénéchal du Dorat.

GUÉRET EN HAUTE-MARCHE.

De Banassat, curé de Saint-Fiel.
Goubert, official de Chenerailles, curé de Bellegarde.
Le marquis de Biencourt, maréchal de camp.
Le marquis de Saint-Mexant, maréchal de camp.
Laboreys de Château-Favier, inspecteur des manufactures d'Aubusson.
Tournyol, ancien président de l'élection de Guéret.
Bandi de la Chaux, lieutenant de maire de Feuilletin.
Grellet de Beauregard, avocat du Roi au présidial de Guéret.

GOUVERNEMENT MILITAIRE.

HAUTE ET BASSE-MARCHE.

Gouvernement général.

Le marquis de Caillebot de la Salle, gouverneur général.
Le marquis de Brachet de Floressac.

Lieutenants de Roi.

Le comte de Pontbriant.	Le comte de la Gorze.

Lieutenants des maréchaux de France.

Le baron des Renaudies, chev. de Saint-Louis, à Guéret.
Lavaux de Pierrebrune, à Guéret.

(*État militaire de la France*, 1789.)

PRÉSIDIAL DE GUÉRET.

(Ressortissait au Parlement de Paris.)

Coudret de Sardant, lieutenant général.
Chazal de Villetelle, lieutenant général de police.
Guillon de la Villetabillon, lieutenant criminel.
Baret de Beauvais, lieutenant particulier.
Rochon de Vallette, assesseur.
Midre de Saint-Sulpice.
Drouillettes de Cherduprat.
Geny de Montenon, conseiller d'honneur.
Rougier de Beaumont, doyen.
Gentil Duvernet.
Dissaudet de Beaugenot.
Peironeau de la Rue.
Munier de Laubart.
Baret Deschaisés.
Pichon de Chatres.
Tournyol de Rateau, avocat du Roi.
Couturier de Fournoue, conseiller d'Etat, procureur du Roi.
Grellet de Beauregard, avocat du Roi.
Roque, greffier civil.
Darreau, greffier criminel.

(*État de la Magistrature en France*, 1789)

CATALOGUE

DES

GENTILSHOMMES DU LIMOUSIN.

SÉNÉCHAUSSÉE DE LIMOGES.

Procès-verbal de l'Assemblée générale des Trois Ordres réunis des sénéchaussées de Limoges et de Saint-Yrieix (1).

16 mars 1789.

(*Archiv. imp.*, B. III., 73. p. 135, 191-262.)

Messire Claude-Etienne-Annet, comte des Roys, ancien capitaine de cavalerie, baron des Enclos, Sgr de Chandelis et de Saint-Cyr, Saint-Laurent et Puydeaux en Poitou, grand sénéchal du Haut-Limousin, assisté de

Guillaume-Grégoire de Roulhac, écuyer, Sgr de Laborie et Faugeras, conseiller du Roi, lieutenant général en ladite sénéchaussée et siége présidial de Limoges;

Pierre Lamy, écuyer, Sgr de la Chapelle, procureur du Roi audit siége;

Et Jean-Baptiste Boysse de la Maison-Rouge, conseiller du Roi, greffier en chef.

---

(1) Nous croyons devoir faire observer qu'un certain nombre de familles nobles ont pu ne pas figurer dans les assemblées du Limousin, pour cause d'absence, de maladie ou d'abstention.

NOBLESSE.

Le comte des Roys, grand sénéchal.
Jean-Baptiste, comte Duhautier, chevalier, Sgr baron d'Auriat, Saint-Maurice, Charrières, Saint-Junien et la Bruyère, chevalier de Saint-Louis, commandeur de Saint-Lazare et de Notre-Dame de Mont-Carmel, gouverneur de la ville d'Eu, colonel du régt de Penthièvre-dragons.
Claude Green de Saint-Marsault, chevalier, vicomte du Verdier, lieutenant des gardes du corps du Roi, chevalier de Saint-Louis, mestre de camp de cavalerie.
François-Germain Green de Saint-Marsault, chevalier, marquis du Verdier, chevalier de Saint-Louis, lieutenant des maréchaux de France.
Thomas de la Rougère, chevalier, Sgr du Brouillet et Lepenaud.
Jean-Baptiste de la Pisse, chevalier, Sgr de Cheyroux, la Goupillère et en partie de Pontinoux.
Jean-Baptiste-Germain de la Pomelie, chevalier, Sgr de Chaverivière.
Jean-François de David, chevalier, baron de Renaudies, Sgr des Pousses Saint-Maurice et Saint-Hilaire, chevalier de Saint-Louis, lieutenant des maréchaux de France.
Louis-François-Gaspard Jourdinaud Duvignaud, chevalier, Sgr de Villefort, les Vergnes et Villeveau.
Jean-Marie Dalesne, chevalier, Sgr baron de Chatelux, Sgr de Salvanet.
Henri-Yrieix Doudinot de la Boissière, écuyer, ancien officier au régt d'Aunis-infanterie, Sgr de Maslemonge.
Jean-Léonard Dumas de Peyrac, chevalier.
Jean, marquis de Sanzillon, chevalier, Sgr de Jaffrenie, chevalier de Saint-Louis, représenté par M. Dubouchaud de Mazanbrun.
Thomas du Bouchaud, chevalier, Sgr de Mazanbrun.
Pierre de la Pisse, chevalier, Sgr de Teulet, de la Bregère et de Fouilloux.
Pierre-Charles-Jacques de Martin, chevalier, baron de Nantiat, Sgr de Fredaigne, capitaine d'infanterie.
Antoine Jousselin, chevalier, Sgr de Sauvaignac.
Martial-François de Roussignac, chevalier, Sgr de Grimaudie.
Pierre Guinguand, chevalier, Sgr de Saint-Mathieu, la Renaudie et Labouchée.
Gaucher du Hautier, chevalier, Sgr de Peyrussac, chevalier de Saint-Louis.
François-Annet de Coustin, chevalier, comte d'Oradour, Saint-Bazile le Boucheron et Sazerat, sous-lieutenant honoraire des gardes du corps de Monsieur, frère du Roi, gentilhomme de sa chambre, chevalier de Saint-Louis, lieutenant colonel de cavalerie.
Jean-Baptiste-Joseph Dugarreau, chevalier, Sgr du Puy-de-Bette, la Seinie, Vergnas, Neuvie, Masléon, ancien capitaine au régt du mestre de camp général de la cavalerie, chevalier de Saint-Louis.

Joseph de Luderie, chevalier, Sgr de Landerie.
François Martin, écuyer, Sgr de Foujaudran, absent.
Jean-Pierre-Grégoire Martin, écuyer, Sgr de Bonnabry.
Pierre-Jean-Baptiste de Guillaume de Rochebrune, chevalier, Sgr de la Grange de Cordelas.
Jean-Léonard d'Alesme, chevalier, Sgr d'Aigueperse.
Mme la marquise de Mirabeau, première baronne de Limousin, à cause de la baronie de Pierre Bussière, représentée par
Le vicomte de Mirabeau, colonel du régt de Touraine-infanterie.
Mme des Essarts, représentée par
Labastide de Tranchillon.
Martial-Joseph Durand de la Saigne, — Auvray, Sgr de Saint-Rémy.
Etienne Auvray, chevalier, Sgr de Saint-Rémy et la Gondonnière, officier d'infanterie.
Martial Guingand, chevalier, Sgr de Gensignac et du Vignaud, ancien capitaine d'infanterie, — Pierre Guingand, son frère.
Jean-Joseph de Parel, chevalier, vicomte de Parel, Sgr de Forsac et le Mas Fargeix, capitaine d'artillerie, chevalier de Saint-Lazare, — le vicomte du Verdier.
Charles-Roch, marquis de Coux, chevalier, Sgr de la Vergne et de Coux, — de Corbier.
Jean de Corbier, chevalier, ancien garde du corps du Roi.
Jean-Baptiste-Philibert de Fondant, chevalier, Sgr de Lavalade, — Desmarais du Chambon.
Joseph-Louis Desmarais, chevalier, Sgr du Chambon, Lage, Ponnet et le Noyer, ancien mousquetaire de la garde du Roi.
Joseph-Clément des Flottes, chevalier, Sgr de l'Echoissier et Bonnot ou Bonnal, — de l'Epine, frère, écuyer.
Jean-Baptiste de l'Epine, écuyer, Sgr de Masneuf.
André Delabreuille, chevalier, Sgr de Château-Renaud, — Duhautier de Peyrussac.
Marguerite de Verthamon, comtesse de Lavaud, dame de Bussière, Beaufy, — le comte de Lavaud de Saint-Etienne.
Jean-Baptiste Delalande, chevalier, comte de Lavaud Saint-Etienne, Sgr de Neuvillars, Lage-au-Mont et Begogne.
François-Louis-Antoine de Bourbon, comte de Busset et de Chalus, — Simon-François de Chauveron.
Simon-François de Chauveron, ancien exempt des gardes du corps du Roi, chevalier de Saint-Louis.
Pierre-Marie Chapelle, comte de Jumilhac, lieutenant général des armées du Roi, inspecteur général de ses troupes, commandeur de Saint-Louis, baron de la baronie d'Arfeuille, — de Leste de Noue, garde du corps du Roi.
André de Leste de Noue, garde du corps du Roi, chevalier, Sgr de Champant et Chabaud.
Joseph-François de Joussineau, marquis de Tourdonnet, baron de Fressinet, Sgr de Champagnac, capitaine au régt de Lorraine-dragons, — le vicomte de Joussineau.
Michel-Joseph, vicomte de Joussineau, lieutenant-colonel de cavalerie.

Louis de Corbier, écuyer, ancien capitaine au régt de Dauphiné-infanterie, — de Brachet.

Louis de Brachet, chevalier de Saint-Louis, Sgr de Labastide et Lafaye.

André de Bonneval, comte de Bonneval, maréchal de camp, Sgr de la baronie de Blanchefort et de la vicomté de Nantheat, — le comte de Calignon.

Jean Duburguet, chevalier, Sgr de Chaufaille, chevalier de Saint-Louis, lieutenant-colonel de cavalerie, — Ardant de la Grenerie.

Jean-Jacques Ardant de la Grenerie, chevalier, Sgr de la Grenerie et de Melliars.

Adélaïde-Marie-Stanislas, marquis de Boisse, vicomte de Treignac et d'Ejaux, baron de la Bachelerie, colonel attaché au régt de dragons de Mgr le comte d'Artois, — Beaupoil, marquis de Saint-Aulaire.

Henry de Beaupoil, marquis de Saint-Aulaire.

Louis-François-Marie de Perusse, comte des Cars et de Saint-Bonnet, marquis de Pranzat, baron d'Aixe, de la Renaudie, de la Motte des Cars et de Lastours, premier baron du Limousin, Sgr de Saint-Sezert-au-Camville, Puységur, Belle-Serre, Saint-Ybard, la Roche-l'Abeille et autres places, maréchal de camp, lieutenant général commandant la province du Haut et Bas-Limousin, premier maître d'hôtel du Roi, — de Chauveron, écuyer.

François de Chauveron, écuyer, chevalier de Saint-Louis, ancien commandant du bataillon de Limoges.

Léonard Dulery, chevalier, lieutenant des grenadiers royaux au régt de Touraine, — Desmarais du Chambon.

Joseph Marchadieu, Sgr de Monlaud, — le vicomte de Brette.

Joseph-Martial, vicomte de Brette, chevalier, Sgr de la Motte, Goutelard et Crotelle, chevau-léger de la garde ordinaire du Roi.

Emmanuel-François, marquis de Lambertie, chevalier, Sgr de Puidemeau, Lartunache et la Petite-Epine, maréchal de camp, chevalier de Saint-Louis, — le baron des Etangs.

Charles de David, baron des Etangs, chevalier, Sgr de Bussière Galant, mas de Bessier et Remondie.

Jacques-Joseph Magy, écuyer, Sgr d'Andalays, Bassouleix, Villeneuve et Mummolas.

Raymond de Brachet, chevalier, Sgr de la Jalesie et la Nouaille, maréchal de camp, — Louis de Brachet, Sgr de la Bastide et La Faye.

Louise-Antoinette Broussol de Broussonnet, dame de Vicq, veuve de M. Just de Calignon, chevalier de Saint-Lous, — le comte de Calignon, son fils.

Michel-Landry, comte de Lescour, chevalier, Sgr d'Oradour-sur-Glane et Laplaud, chevalier de Saint-Louis, — le marquis du Cros de Cieux.

Jean-Baptiste de Brette, chevalier, Sgr marquis du Cros, comte de Cieux, baron de la Vilette et du mas Rocher, Sgr de la Villatte, la Chapelle et Richebourg, capitaine de cavalerie.

Marie-Thérèse Maillard de la Couture, veuve de Joseph Durand, chevalier, Sgr du Boucheron, capitaine au régt de la Reine, dragons, — Guingand de Saint-Mathieu de la Bouchie.

Alphonse-Louis Dumontel de la Molhière, chevalier, marquis de Cardaillac, Sgr châtelain de Janailhac et du Mazet, chevalier de Saint-Louis, lieutenant des maréchaux de France, — le baron de Foucaud.

Jean, baron de Foucaud, capitaine au régt d'Aunis, infanterie, chevalier, Sgr de Champvert, Larochette et Montuille.

Marguerite Duhautier, épouse et curatrice de Joseph de Jousselin, chevalier, Sgr de la Vaud Bosquet, Lort et Mimolle, — Duhautier de Peyrussat, son frère.

Jacques Masbaret, écuyer, Sgr du Barty, ancien trésorier de France au bureau des finances de Limoges, — Masbaret du Barty, son fils.

Jean-Marguerite de Brie, comte de Lageyrat, qualifié comte par brevet de Philippe Ier (*sic*).

Charles-Antoine-Armand-Odet Dumas, chevalier, comte de Peyrat, capitaine au régt de Conti-dragons, Sgr de Peyrat, Lasserre et Coussage, co-Sgr d'Alassac et de la Salle, vidame de Limoges, — Bony de la Vergne, comte des Egaux.

Jean Bony de la Vergne, comte des Egaux, chevalier, Sgr des Farges, ancien capitaine d'artillerie, chevalier de Saint-Louis.

Jean-Louis, marquis de Lubersac, maréchal de camp, chevalier de Saint-Louis, Sgr de Saint-Memy, Savignac et Lubersac, — le marquis du Verdier.

Jacques-Georges de Joussineau, chevalier, vicomte de Tourdonnet, aide major au régt des Gardes françaises, Sgr de Saint-Martin Sepert, — le vicomte de Joussineau.

Louis-Jean-Baptiste Chapelle de Jumilhac, chevalier, Sgr de Saint-Jean Ligoure, Courbefy et Pommaret, ancien capitaine de la gendarmerie de France, colonel de cavalerie, chevalier de Saint-Louis, — Simon-François de Chauveron.

Luc de la Place, chevalier, Sgr de Rougeras, Mimolle, et co-Sgr de Saint-Maurice-les-Brousses, — Jean de Chauveron, écuyer.

Jacques-Urbain d'Alesme, écuyer, Sgr de Puyvinaud, capitaine au régt de Normandie, — d'Alesme de Chatelus.

Dame Catherine de Raymond, représentée par son mari M. de la Roumagère.

Antoine de la Roumagère, écuyer, Sgr de Chavière et du Breuil.

Joseph de Bony, chevalier, Sgr comte de Ladignac et Saint-Nicolas.

Marie-Anne Garat, comtesse de Fayat, veuve de Gilbert-Marin de Joussineau, comte de Fayat, baron de Peyrelevade, Sgr de Saint-Martin Sepert, les Oussines, la Valade, Lombert et Laboissière, — le vicomte de Joussineau.

Jean de Grandsaigne, écuyer, Sgr de Goberties, — de Grandsaigne, son fils, lieutenant au régt d'Artois-infanterie.

Jean-Baptiste de Miomandre de Murat, écuyer, co-Sgr du Breuil, — Dugarreau.

François Dugarreau, chevalier, capitaine au régt de Bassigny-infanterie.

Jean de Sanzillon, prêtre, chanoine de Saint-Yrieix, Sgr du fief de la Franchie, — d'Abzac, écuyer.

Adrien d'Abzac, écuyer, Sgr de Lascaux.

Dominique de Laurade, chevalier, Sgr de Mouzat, Pressac et Langerie, chevalier de Saint-Louis, capitaine de cavalerie, — Jean de Corbier.

Jean de Miomandre, chevalier, co-Sgr du Breuil, garde du corps du Roi — François Dugarreau.

Marie Morel de Fromantal, dame de la Cosse et du Montandeix, — le baron de Fromantal.

Martial-Alexandre Morel, baron de Fromantal, ancien capitaine de dragons, chevalier de Saint-Louis.

Jean-Baptiste de Boulhiac, chevalier, Sgr de Bourzac Fénelon et Repin, — Ardant de la Grenerie.

Théophile de Boisseuil, chevalier, Sgr de Boisseuil et Fialeix, ancien capitaine au régt de Marcieux-cavalerie, chevalier de Saint-Louis, — Charles de Pasquet, Sgr de Salaignac.

Charles de Pasquet, écuyer, Sgr de Salaignac.

Grégoire de Roulhac, écuyer, Sgr de Roulhac.

Louis-Auguste Duvignaud, chevalier, Sgr de Vory et la Vilette, officier au régt d'Auvergne-infanterie, — Jacques-Louis des Marais du Chambon.

Jacques de la Bachelerie, prêtre, Sgr de Vieille-Ville, — Thomas de Petiot, écuyer.

Thomas de Petiot, écuyer, Sgr de Taliac.

Elisabeth Colomb, veuve de Jacques-Jean de Bruchard, écuyer, Sgr de la Pomelie, — Jean-Charles de Bruchard.

Jean-Charles de Bruchard, chevalier, lieutenant au régt de Turenne-infanterie.

Marie-Anne Blondeau de Laurière, veuve de M. Limousin, chevalier, Sgr de Neuvie, dame de Martinguet, — Dugarreau de la Seinie.

Léonard Blondeau, chevalier, Sgr marquis de Laurière, capitaine au régt des Gardes françaises, chevalier de Saint-Louis, — de Guillaume de Rochebrune.

Marie-Geneviève Pétiniaud, veuve de Joseph-Louis Noailhé, écuyer, Sgr de Laborie, conseiller-secrétaire du Roi, maison couronne de France, — Simon Lamy, écuyer.

Jean-François de Carbonnières, Sgr de Saint-Denis des Murs et du Montjoffre, vicaire général du diocèse d'Arras, — Germain de la Pomelie.

Jean-Baptiste de Carbonnières, chevalier, Sgr comte de Saint-Brice, Chamberri, la Vigne, le Repaire, et baron de Boussac, — le comte de Brie.

Martial, comte de Brie, chevalier, Sgr de Soumaignac, baron de Ribeyreix, Courbasy, Fourie, Labastide de Saint-Priest, les Fougères, ancien capitaine au régt d'Artois, chevalier de Saint-Louis, qualifié *comte* par brevet de Philippe Ier (*sic*).

Léonard Muret, écuyer, Sgr de Bort, — Pierre Muret, écuyer, son fils aîné.

Marie-Claude-Jeanne-Victoire de Lasteyrie, marquise de Lestrade, — François de Chauveron.

Pierre-François d'Abzac, chevalier, baron de Juveignic, capitaine de cavalerie, chevalier de Saint-Louis, — de la Morelie, Sgr des Biars.

Charles Pardoux de la Morelie, écuyer, Sgr des Biars, chevau-léger de la garde du Roi.

Joseph de Roulhac, chevalier, Sgr de Trachaussade, — de Roulhac, Sgr de Chatelard.
Jacques-Christine de Roulhac, chevalier, Sgr de Chatelard, Rochebrune et Voute de Saugon.
Alexandre de Coustin, chevalier, Sgr marquis du Masnadaud, comte d'Oradour-sur-Vayre, — le comte de Brie de Sousmaignac.
Jean-Baptiste-Ferréol de Gay, chevalier, Sgr de Nexon Compaigne et Cognac, — de Gay, son fils.
Catherine Texandier, baronne de Nieuil, veuve de Jacques de Léonard, chevalier, Sgr de Fressanges, — Louis-Jacques de Montbron.
Louis-Jacques de Montbron, chevalier, Sgr de Drouilles.
Magdeleine Regnaudin, dame de la Quintaine et Mazeyretas, veuve de Messire Joseph Limousin, chevalier, Sgr de Neuvie et Masléon, — Thomas du Bouchaud.
Joseph-Sylvain-Clément Durieux, chevalier, Sgr de Villepreux et le Doignon, — Desmarais du Chambon.
Jean-Baptiste-Pierre-Paul Bourdeau, écuyer, Sgr de Fleurat, — Léonard Bourdeau, Sgr de Linard.
Léonard Bourdeau, écuyer, Sgr de Linard.
Jacques de la Loue, chevalier, Sgr de Magelier, — Desmarais du Chambon.
Jeanne-Marie de Sauzet, dame de Villesanges, veuve de Gaspard-Louis Desmarais, chevalier, Sgr du Chambon, — François de Chauveron.
Guillaume-Grégoire de Roulhac, écuyer, Sgr de Laborie et Faugeras, conseiller du Roi et lieutenant général en la sénéchaussée et siége présidial de Limoges, — de Roulhac, écuyer, ingénieur des ponts et chaussées au département de l'Auvergne, son frère.
Jean-Baptiste Pétiniaud, écuyer, Sgr de la Bourgade et de Beaupeyrat.
Jean-Joseph Pétiniaud, écuyer, Sgr de Juriol et de Puinoge, — Pétiniaud, Sgr de Beaupeyrat, son frère.
Marie-Anne Garat de Saint-Priest, veuve de Jacques-François de Douhet, chevalier, Sgr du Puymoulinier, le Palais et Panazol, — Dugarreau de la Seinie.
Marcelle d'Arsonval, veuve de Charles de David de Lastours, chevalier, Sgr de Laborie, la Guyonnie et Rilhac, ancien capitaine au régt de Penthièvre, chevalier de Saint-Louis, — Dupeyrat de Vigenal, écuyer.
Martial Dupeyrat, écuyer, Sgr de Vigenal.
Guillaume Vergniaud, ancien curé de Magnac, Sgr de Magnac, — le vicomte de Mirabeau.
Pierre Lamy, écuyer, Sgr de la Chapelle, conseiller du Roi et son procureur en la sénéchaussée et siége présidial de Limoges.
Gabriel-Joseph Grellet-Desprades, écuyer, Sgr de Pierrefiche et de l'Etang.
Joseph Martin, chevalier, Sgr de la baronie de Compreignac et du Mas de Lage.
François de la Bonne, écuyer, Sgr d'Escabillon et Louttre.
Jean-Ignace Maldon, chevalier, Sgr de Feytial.
Valery Dargier, chevalier, baron de Saint-Vaulry, Marival, vicomte de Bernage.
Martial Goudin, chevalier, Sgr de Labouderie et du Genety.

Pierre Garat, chevalier, Sgr de Saint-Priest et Moncocu.
François-Xavier Boutanet, chevalier, Sgr de Russy.
Louis, vicomte de Villelume, chevalier, Sgr de l'Aumonerie, la Jasseau et Pezé.
Léonard, marquis de Villelume, chevalier, Sgr du Batiment Morcheval, absent.
Jean-Léonard de la Bermondie, vicomte d'Anterroche, Sgr de Saint-Julien et de Laront.
Le marquis de Saint-Ferré, Sgr de Lage-Rideau, absent.
François de Malden de Balezy, chevalier.
Jean-Baptiste de Martin-la-Bastide, chevalier, Sgr de la Bastide, la Brugère, le Mas Bouriane et Teyssonnières.
Léonard de Martin de la Bastide-Verthamond, chevalier, Sgr de Curzac.
Mathieu de Martin-la-Bastide de Curzac, chevalier, absent.
Henri de Marsanges, chevalier, Sgr baron de Vaulry, Bretex, chef d'escadron au régt de Penthièvre-dragons.
Charles de Marsanges, chevalier de l'ordre de Saint-Jean de Jérusalem, capitaine au régt d'Aunis-infanterie.
Joseph de Savignac, chevalier, Sgr de Vaux, lieutenant au régt d'Artois-infanterie.
Pierre de Beaupoil de Saint-Aulaire, chevalier, Sgr du Barry, chevalier de Saint-Louis, ancien colonel de cavalerie.
François de Lacour, chevalier, Sgr de Ventilhac.
Antoine-Etienne Touzac de Saint-Etienne, chevalier, Sgr de Royère, Transforêt, Beaumont et Beausoleil.
Léonard-François de Villoutreix de Brignac, écuyer de Madame Victoire de France, tante du Roi.
Psalmet Ducheyron, chevalier, Sgr des Prats, Bonnefond, les Chapeaux, Joubert, Bort et Lapeyrière, chevalier de Saint-Louis, mestre de camp de cavalerie, ancien major des gendarmes de la garde ordinaire du Roi.
Antoine-Joseph de Maulmont, chevalier, capitaine au régt du Maréchal de Turenne-infanterie.
François-Maurice-Benoist de Lostande, chevalier, Sgr de Reignefort, capitaine commandant au régt de Rohan-infanterie.
Louis-Guérin-Honoré-Vincent-Bonaventure Morel de Fromental, chevalier, lieutenant au régt de Bassigny-infanterie.
Germain de Croizant, chevalier, Sgr de Puychevalier et la Renaudie.
Jean-Joseph de la Place, chevalier, Sgr des Forges et Virolle.
Guy-René Durand, chevalier, Sgr de la Faucherie.
Guillaume de Loudeix, chevalier, Sgr du Puytignon, ancien chevau-léger de la garde du Roi, chevalier de Saint-Lazare et capitaine de cavalerie.
Pierre-Louis-Auguste de Villoutreix, chevalier, Sgr de Faye, lieutenant-colonel du régt Royal-étranger-cavalerie, chevalier de Saint-Louis.
Simon de Meivière, chevalier, Sgr de Lortolary.
Antoine Grellet, écuyer, Sgr de Marbillier.
Chastaignac, chevalier, Sgr baron de Jussac et de Ligourre.
Fautte, écuyer, Sgr du Puy-du-Tour et de Ventaux, chevalier de Saint-Louis.

Dorat, écuyer, Sgr de Faugeras, Lagardelle et Monimes, absent.
Desmaisons, chevalier, Sgr de Bonnefont, absent.
Mondain, écuyer, Sgr de la Maison-Rouge.
Devillemome du Grand-Bourg de Salaignac, absent.
Le comte de Nadaillac de Saint-Pardoux, absent.
Mme Roger de Nexon, absente.
De Verthamon d'Ambloy, Sgr de Chalmet, absent.
Vidaud, comte du Doignon, Sgr du Carrier, absent.
Bazin de Montfaucon, absent.
De la Châtre, chevalier, Sgr de Leyraud, absent.
Martial Baillot, écuyer, Sgr d'Estivaux, trésorier de France au bureau des finances de Limoges.
Pierre Barny, écuyer, Sgr de Moulins, trésorier de France, — Devoyon de la Planche.
Jean Devoyon, écuyer, Sgr du Buisson, trésorier de France, absent.
Guillaume Sanson, écuyer, Sgr de Royère, trésorier de France.
Léonard-Louis Maillard, écuyer, Sgr de la Couture, trésorier de France.
Antoine Faulte, écuyer, Sgr du Buisson, trésorier de France.
Joseph Benoist, écuyer, Sgr d'Estivaux, trésorier de France.
Jean-Joseph Masbaret du Barty, fils, trésorier de France.
Antoine Lajoumard, écuyer, Sgr de Laboissière, trésorier de France.
Mathieu de Veaucourbeix, *aliàs* Vaucorbeil, écuyer, Sgr de Bachelerie, avocat du Roi au bureau des finances.
Guillaume Dumazau, écuyer, Sgr du Vignaud, trésorier de France.
Aubin Bigorie, écuyer, Sgr du Chambon, etc., trésorier de France.
Antoine Noailhé, écuyer, Sgr de Baille, trésorier de France.
Martial Noailhé de Baille, fils, écuyer, Sgr de Leyssenne et des Plas, trésorier de France.
Léonard Devoyon, écuyer, Sgr de la Planche, procureur du Roi au bureau des finances.
Grégoire de Marsac, écuyer, Sgr de Malval, trésorier de France (1).

(1) Ces seize derniers furent assignés et appelés en vertu de l'ordonnance sur requête de M. le Grand-Sénéchal, rendue conformément à l'article 9 du règlement du Roi sur la convocation des Etats Généraux. Les officiers du bureau des finances de Limoges et autres possédant fiefs, et qui se trouvaient avoir la noblesse acquise, quoique non transmissible, furent admis à l'Assemblée de la Noblesse, sans tirer à conséquence, à la charge de justifier par titres leur noblesse personnelle et la propriété de leurs fiefs. (*Décision prise à Limoges le 15 mars 1789*, par le Grand-Sénéchal, assisté de MM. le marquis de Saint-Aulaire, le marquis du Verdier, le comte de Lavau et le chevalier de Chauveron. — B. III. 73, p. 230.)

SÉNÉCHAUSSÉE DE SAINT-YRIEIX.

(SECONDAIRE DE LIMOGES.)

Jean-Baptiste de Mallet de la Jorie, écuyer, représenté par M. de Pasquet, Sgr de la Roche et Montsault.
Pierre de Pasquet, chevalier, Sgr de la Roche et Montsault.
Louise de Lubersac, veuve de Jacques de Montrabeuf, chevalier de Saint-Louis, Sgr des Piquets, — Thomasson, Sgr du Queyroix.
Jacques Thomasson, Sgr du Queyroix.
Louise de Lafaye, veuve de Joseph de Formigier de Beaupuy, chevalier, Sgr de Genis, — Charles de Pasquet, chevalier, Sgr de Salagnac.
Pierre de Gentil, chevalier, Sgr de Lafaye et du fief de Champ, ancien chevau-léger de la garde du Roi, — de Gentil, Sgr de la Jonchapt.
Léonard de Gentil, chevalier, Sgr de la Jonchapt.
Jacques-Gabriel de Chapt, comte de Rastignac, baron de Tusche, première baronie du Quercy, comte de Clermont et Combe Bonnet, Sgr de Puiguillem et Firbeix, maréchal de camp, etc., chevalier de Saint-Louis, — Fautte, écuyer, Sgr de Vantaux.
Jean-Georges de la Roche-Aymon, chevalier, — de Pasquet de la Roche.
Louis Manuet, chevalier, Sgr de Truffen, — Thenant, Sgr de Latour.
Mathieu Thenant, chevalier, Sgr de Latour, ancien garde du corps du Roi, chevalier de Saint-Louis.
Pierre, comte de Marqueyssac (Marquessac), Sgr baron de Roussignet et Paleyrat, ancien capitaine commandant au régt de Royal-cravate-cavalerie, — de Rossignol, Sgr de Combier.
Martial-Barthélemy de Rossignol, chevalier, Sgr de Combier et de la Trade, patron fondateur de l'église de Sarrazac.
Louis-François-Philibert Machat de Pompadour, chevalier, Sgr marquis de Chateaubouchet et d'Angoisse.
François de L'Hermitte, chevalier, Sgr dudit lieu, de la Meynardie, l'Anglade et Puissilard, ancien capitaine commandant au régt de la Fère-infanterie, chevalier de Saint-Louis.
Catherine Debord, veuve de messire Louis Paignon de Fontambert, écuyer, Sgr en partie de Lascaux, — Antoine de la Romagère, Sgr de la Chauvière.
Jeanne Dujardin de la Digue, veuve de messire Antoine Paignon de la Borie, écuyer, Sgr de Lage et en partie de Lavalade, — Thenant de Latour.
Léonard de la Morélie, écuyer, Sgr de Marvieux et Laugère, ancien chevau-léger de la garde du Roi, — de la Morélie, Sgr des Biards.
Gabriel de Teyssière, chevalier, Sgr de Bellecize, Hébart et en partie de Sarrazac, — Léonard Gentil de la Jonchapt.
Pierre Deberon, *aliàs* de Beron, chevalier, Sgr de Coulancier, Guillaume et les Fraux, — de Beron, Sgr d'Oche.

Pierre de Beron, chevalier, Sgr d'Oche, ancien lieutenant au régt de Penthièvre-infanterie.

Gabriel Dugarreau, chevalier, Sgr de la Meycherie, la Foucaudie, les Renaudies et co-Sgr de la Valade, — Dugarreau, Sgr de Bourdelas, son fils.

Antoine-Louis Dugarreau, chevalier, Sgr de Bourdelas.

Jeanne de la Morélie, veuve de messire Jean Dumontel, chevalier, Sgr de la Bachelerie, — de Brette, marquis du Cros de Cieux.

Jean de Foucaud de Malambert, chevalier, Sgr des Rieux et des Champs, — le baron de Foucaud, Sgr de Champvert.

Anne-Elisabeth de Beaupoil de Sainte-Aulaire, veuve de messire Louis du Garreau de Gressignac, dame de Leyssard et de Monlapt, — Adrien d'Abzac de Lascaux.

Françoise-Justine Joquard, baronne de Beaupoil, veuve de messire Antoine, baron de Beaupoil de Saint-Aulaire, ancien lieutenant des vaisseaux du Roi, chevalier de Saint-Louis, — de Lesse de Noue, Sgr de Champault et Chabaud.

Jean de la Morélie de Puyredon, capitaine de cavalerie, chevalier de Saint-Louis, Sgr de la Rochette, Lasbelotas, La Guillonie, Gabilion, Maziéras, La Sablesse et la Genelle, — Jean de Chauveron, chevalier, capitaine au régt de Limoges.

Yrieix de Sanzillon de la Foucaudie, chevalier, Sgr de Pouzol, Versail et le Cadussaud.

Pierre Lemas, chevalier, Sgr de Saint-Martin et Puygueraud.

Hyacinthe Blanchard, écuyer, Sgr de Champagne.

De Champagnac, chevalier, Sgr de Montantin, absent.

La dame de Razat de Juillat, absente.

Roux de Lusson, Sgr de la Férégaudie, absent.

De la Roche, Sgr de la Roche, dans Beyssenat, absent.

Le duc d'Harcourt, chevalier, Sgr de Coupiat, lieutenant général des armées du roi, chevalier de ses ordres, gouverneur de Normandie, absent.

Pasquet de Saint-Meynier, chevalier, Sgr de Saveyre, absent.

Artol de Cumont, marquis de Frugie, absent.

Bourdineau, écuyer, Sgr de Villecourt, absent.

Mallet, écuyer, Sgr de Doussac, absent.

Pierre-Basile de Villoutreix, Sgr de la Meynardie, Sainte-Marie et autres lieux, absent.

Degoffreteau, Sgr de Juvet, absent.

Le comte de Taillefert, Sgr de Douilhac, absent.

Garebeuf de Beauplat, Sgr de Beauplat, absent.

Le marquis de Lambert, chevalier, Sgr de Sarrazac, maréchal de camp, commandeur de Saint-Louis, inspecteur de cavalerie, absent.

Le marquis d'Hautefort, vicomte de Ségur et baron de Juilhac, absent.

De la Serre, Sgr de Chaland, absent.

Garebeuf, Sgr de la Vatre, absent.

Après ledit appel, se sont présentés plusieurs nobles qui ont dit n'avoir pas reçu d'assignation mais être en droit d'assister à la présente assemblée, en leur qualité de nobles :

Sénéchaussée de Limoges.

André-Boniface-Louis de Riquetti, vicomte de Mirabeau, chevalier de Saint-Louis, chevalier d'honneur de l'ordre de Saint-Jean de Jérusalem et de la Société de Cincinnatus, colonel au régt de Touraine-infanterie.
De David, chevalier, baron de Renaudies, sous-lieutenant au régt de Condé-dragons.
Etienne Martin de la Bastide de Tranchillon, chevalier.
Pierre Martin, écuyer.
De l'Epine fils, écuyer, ancien garde du corps du Roi.
Pierre-François Rosmanet du Caillaud, écuyer, Sgr de Meyrignac.
Siméon Colomb, écuyer.
Jean de Chauveron, écuyer, capitaine au bataillon de Limoges.
Jean de Grandsaigne fils, lieutenant au régt d'Artois-infanterie.
Siméon Lamy, écuyer, ancien gendarme de la garde.
Pierre Muret fils aîné, écuyer.
Philippe-Ignace Degay, fils, *aliàs* de Gay, chevalier.
Pierre Duhautier, chevalier, Sgr de Lambertie et Rilhac.
Guillaume-Grégoire de Roulhac, écuyer, ingénieur des ponts et chaussées au département de l'Auvergne.
Léonard de Lage-Aumont, chevalier.
Pierre Dussoulier (du Solier), chev. de Saint-Louis, ancien capitaine commandant au régt d'Artois.
Léonard Touzac, chevalier.
Bernard Touzac de Saint-Etienne, chevalier, capitaine au régt de Condé-dragons.
Antoine de Lassaigne de Saint-George, ancien brigadier des gardes du corps du Roi, ancien capitaine de cavalerie, chevalier de Saint Louis.
Joseph-Benoît de Lostande, lieutenant au régt de Foix-infanterie.
Louis-Elisabeth, comte de Calignon.

Sénéchaussée de Saint-Yrieix.

Jean Paignon de la Faye, écuyer, Sgr de Cubertefont.
François Dugarrau de Gressignac, chevalier, capitaine au régt de Bassigny-infanterie.
Hyacinthe Tesserot, chevalier, Sgr des Places.

SÉNÉCHAUSSÉE DU BAS-LIMOUSIN.

Liste des Gentilshommes du Bas-Limousin, comprenant les sénéchaussées de Tulle, Brives et Uzerches, qui ont signé le cahier des doléances (1).

17-21 mars 1789.

(*Archiv. imp.*, B. III., 73 bis, p. 151-157.)

Fénis de la Brousse.
D'Arche d'Ambrugeat.
Soulages (Dumas de).
Boy de Lacombe.
Delzor.
Lespinasse de Bournazel.
Traversat de Briat.
De Larode.
De Lamaze.
De Selve du Chassain.
De Sainte-Marie.
De Bar.
De Veyrières (Sgr du Laurent).
De Fénis de Roussillon.
De Lastours.
Chevalier de Lamaze.
Le chevalier de Flomont.
Maynard de Queilhe.
Degain.
Le baron Jaucen de Poissac.
Le baron de Lentilhac.
Le chevalier de Bouchiat.
Le chevalier de Burs.
De Guilheaume.
Delhorz.
Lafagerdie de la Praderie.
De Pestels.
Cerou.
De Bar de la Chapoulie.
Puyhabilier.
Lafagerdie de la Praderie.
Donnet de Segurg.
La Chapelle de Carman.

Le comte de Philipp de St-Viance.
Lagaye de Lanteuil.
Borderie de Vernejoux.
De la Serre.
Le vicomte de Valon St-Hippolyte.
D'Arche de Vaurs.
Le duc d'Ayen.
De Massoulie.
Fénis du Tourondel.
Joyet de Maubec.
Meynard de Mellet.
De la Bachelerie.
Du Griffolet de Lentilhac.
Certain de la Coste.
De Dienne.
De Selve de Saint-Avit.
Pelets, ou Felets.
D'Estresses.
Le marq. de Lasteyrie du Saillant.
Lamothe de Quinson.
Le chevalier de Jamen (Jaucen).
Combarel du Gibanel.
De Parel.
Hugon de Marlias.
Fénis de la Prade.
Le baron de Lauthonnye.
Meynard de Maumont.
Ernault de Brusly.
De Turenne.
Le comte de Lentilhac Sedière.
Lauthine.
De Chaunac.
Le baron de la Majorie Soursac.

(1) Le procès-verbal de l'assemblée de l'Ordre de la Noblesse n'existe pas dans la *Collection générale des Archives de l'Empire*. Si nous le retrouvons, il sera publié dans le *Supplément*.

Le comte de Douhet de Marlac.
De Verlhac.
Masmorel (Lavialle du).
Fénis de la Feuillade.
Le vicomte de Laqueuille.
Le marquis de Rodorel de Seilhac.
Le marquis de Soudeilles.
Du Courier de Plaignes.
Salès.
Lespinasse de Pebeyre.
Du Bac de la Chapelle.
Combret de Marsillac Labeyssarie.
De Bouchiat.
D'Enval.
Le chevalier de Bruchas.
De Selve de Bity.
Le comte de Lavaur.
Fénis de Labrousse.
De Saint-Pardoux.
Dumas de Lamorie.
De Montal.
Fenis, chevalier de la Prade.
Le marquis de Corn.
Dubac (du Bac).
Le baron de Felets.
Rodorel, chevalier de Seilhac.
Malden de la Bastille.
De Milhac.
La Brue de Saint-Bauzile.
Courèze de la Colombière.
De Sahuguet.
Chevalier de la Brue.
De Sourries.

De Braquillanges.
Le comte de Scorailles.
Le baron de Monamy.
Lafagerdie de Saint-Germain.
Le baron de Bellinay.
Delabrue (de la Brue).
Le chevalier de Brusly.
Dumont de la Franconnie.
De Soulages, fils.
De Loyac de la Bachellerie.
Lafagerdie de la Peyrière.
Le comte de Boisseuil.
De Gimel Lespinat.
De Lavialle Lameillère.
Dufaure de Saint-Martial.
De Lastic de Saint-Jal.
Le baron de Cosnac.
Guillemin.
De Laurens de Puylagarde.
Chevalier de Guilheaume.
De Baluze.
Comte de Beyssac.
Chevalier Dubac (du Bac.)
De Chaumarex.
Du Myrat de Boussac.
Certain de Lacoste.
Chevalier de Saint-Martial.
Le baron de Chailas de Laborde.
Le baron du Bois d'Escordal.
De Neux.
Le ch. Tondutti de la Balmondière.
Latour du Fayet.
Le vicomte de Valon.

De Laprade, secrétaire de la Noblesse.
Lafagerdie de Saint-Germain, secrétaire de l'ordre.
Le baron de Lubersac, capit. de dragons, grand-sénéchal de Tulle (1).

(1) La liste que nous publions ne contient que des signatures. Nous avons rétabli les noms véritables, avec l'orthographe, autant que cela nous a été possible.

Liste des Gentilshommes qui ont signé les nouveaux pouvoirs des députés de la Noblesse de Tulle.

18 juillet 1789.

(*Archiv. imp.*, B. III. 73 bis, p. 274-282.)

Léonard Dufraisse de Viane, conseiller doyen ès siéges royaux de la ville de Tulle, président de l'Assemblée en l'absence de M. le lieutenant général d'épée.

Fénis de la Brousse.
Le baron de Pestels de la Majorie.
De la Majorie.
Le baron de Blanat.
Soulages, mestre de camp de cavalerie.
Métivier de Labesse.
Boy de Lacombe.
De Selve du Chassain.
De Larode.
De Sainte-Marie.
De Bar.
Degain.
Le baron de Lentilhac.
La Praderie.
Donnet de Segurg.
D'Aubery.
Fénis du Tourondel.
Lagaye de Lanteuil.
De Lasserre.
Borderie de Vernejoux.
Philipp de Saint-Viance.
Joyet de Maubec.
De Selve de Saint-Avid.
Du Griffolet.
De Lentilhac.
Le marquis d'Estresses.
Certain de Lacoste.
De Dienne.
Le baron de Combarel.
Du Gibanel (Combarel).
Fénis de la Prade.
Le baron de Lauthonnye.
De Turenne.
Le comte de Lentilhac Sedière.

Le baron de Felets.
De Gimel.
Comte de Douhet de Marlat.
Le comte de Segonzat.
Fénis de la Feuillade.
Le marquis de Lastours.
Le marquis de Rodorel de Seilhac.
Hugon de Marlias.
Le vicomte de Gains.
Comte d'Ussel.
Bardoulat de la Salvanie.
Le baron de Charlus.
Le comte de Lavaur.
Chevalier de Tournemire.
De Selve de Bity.
Fénis de la Brousse, fils.
Fénis, chevalier de la Prade.
Rodorel, chevalier de Seilhac.
Courèze de la Colombière.
De Soulages, fils.
De Loyac de la Bachelerie.
De Baluze.
Chevalier de Guilheaume.
Le baron du Bois des Cordal, ou d'Escordal.
Le chevalier Tondutti de la Balmondière.
Le vicomte de Valon Saint-Hippolyte.
Lafagerdie de la Praderie.
Sayac de Mayvière.
Rochon de Montazet.
Dufraisse de Viane, conseiller doyen.
Sarget, greffier commis.

LISTE DES DÉPUTÉS DES TROIS ORDRES

AUX ÉTATS GÉNÉRAUX DE 1789.

LIMOGES.

L'évêque de Limoges (Louis-Charles Duplessis d'Argentré).
Guingand de Saint-Mathieu, curé de Saint-Pierre du Queyroix, de Limoges.

Le comte des Cars, premier maître d'hôtel du Roi.
Le vicomte de Mirabeau, colonel du régt de Touraine.
Le comte des Roys, sénéchal du Haut-Limousin, suppléant.

De Roulhac, lieutenant général en la sénéchaussée.
Naurissart, directeur de la marine, à Limoges.
Montaudon, avocat à Limoges.
Chavoix, avocat au bourg de Juilhac.
Boyer, docteur en médecine, suppléant.
Guineau du Pré, avocat à Limoges, suppléant.

TULLE.

Jean-Pierre Forêt de Masrouny, curé d'Ussel.
Martin Thomas, curé de Meyniac.
Louis de Fenis de la Combe, grand prévôt de l'église cathédrale de Tulle, suppléant.

Etienne-François-Charles Jamen (Jaucen), baron de Poissac, conseiller au Parlement de Bordeaux.
Gilbert-Scolastique-Hyacinthe, vicomte de Laqueuille, major du régt royal de Picardie-cavalerie.
Louis-Maurice-Joseph, comte de Lentilhac et de Sedières, suppléant.

Antoine Melon, Sgr de la Bellange et autres lieux, conseiller du Roi, président au présidial, lieutenant général de la sénéchaussée de Tulle.
Puymalie Delort, lieutenant particulier au sénéchal d'Uzerches.
Gabriel Malès, avocat à Brives.
Pierre Ludière, avocat à Tulle.
Jean-François Melon de Pradon, avocat du Roi au présidial de Tulle, suppléant.

GOUVERNEMENT MILITAIRE.

HAUT et BAS-LIMOUSIN.

Gouvernement général.

Le duc de Fitz James, gouverneur général.
Le marquis des Cars, lieutenant général.
Le comte du Doignon, lieutenant de Roi.

Lieutenants des maréchaux de France.

Le marquis Dumontet de Cardaillac, chevalier de Saint-Louis, à Limoges.
Le vicomte Dumontet de Cardaillac fils, à Saint-Yrieix.
Le comte de Boni de Lavergne, chevalier de Saint-Louis, à Limoges.
Le marquis de Seilhac, à Tulle.
Le vicomte d'Anteroches, à Tulle.
De la Porte de Lissac, chevalier de Saint-Louis, à Brives.
De Sauvebœuf, à Brives.
Le comte de Clavière, et son neveu, au Dorat.
Le comte de Valon, chevalier de Saint-Louis, à Aygleton.
Le comte du Verdier, chevalier de Saint-Louis, à Uzerches.

(*État militaire de la France*, 1789.)

PRÉSIDIAL DE BRIVES.

(Les présidiaux du Limousin ressortissaient au Parlement de Bordeaux.)

1781. De Maleden, lieutenant général, civil et de police.
1766. Cerou de Jayle, lieutenant général criminel.
1782. De Vielbans, lieutenant principal et assesseur criminel.

1750. La Treilhe de Lavarde, doyen.
1749. De la Bachelerie, conseiller d'honneur.
1761. Pascher.
      Juge de la Ferrière.
1762. Loubrias de la Chapelle.
1765. Maillard de Bellefon.
1770. Maigne de Sarrozat.
1773. Salviac de Ziaires.
1779. Touzy.

1761. Agay de Villeneuve, avocat du Roi honoraire.
1765. Serre, avocat du Roi.
1778. De Virlhac, procureur du Roi.
1776. La Roche, greffier en chef.

PRÉSIDIAL DE LIMOGES.

      Le marquis de Lasteyrie du Saillant, grand sénéchal du Limousin.
1781. Roulhac de la Borie, lieutenant général, président.
1779. Gallicher de Vaugoulours, lieutenant général d'épée.
1768. Raby de Syriez, lieutenant criminel.
1769. Ruban de Lombre, lieutenant particulier.
1777. Debeaune, assesseur civil et criminel.

1737. Roulhac de Rouveix, doyen.
1751. Devoyon de la Planche.
1758. Bonnin de Fraissaix.
1767. Verdilhac du Loubier.
1768. Peconet du Chatelet, ou Chatenet.
1770. Navières de Brégefort.
1774. Juge de Saint-Martin.
1780. Le Noir de la Vergne.
1784. Peconet fils.

1775. Juge de Laborie, avocat du Roi.
      Lamy de la Chapelle, procureur du Roi.
      Muret de Paignac, avocat du Roi.
1762. Boisse de la Maison-Rouge, greffier en chef.

PRÉSIDIAL DE TULLE.

1732. Darluc de la Praderie, président, lieutenant général.
1753. De Saint-Priech de Saint-Mur, lieutenant général de police.
1754. Audibert du Teil, lieutenant criminel.
1766. Meynard de la Faurie, lieutenant particulier, assesseur criminel.

1754. Dumyrat, clerc.
1759. Dufraysse Devianes, *aliàs* de Vianes, doyen.
1768. Du Bourguet.
1769. Ducloux.
      Loyac de la Sudrie.
1771. Serre de Bozaugoure.
      De Braconac de L'Espès.
1779. Lachaud de la Noille.

1777. Melon de Pradou, avocat du Roi.
1776. Brival, procureur du Roi.
1783. Viale, avocat du Roi.
1766. Chivac, greffier en chef.

GÉNÉRALITÉ DE LIMOGES.

PAYS D'ÉLECTION.

1783. Meulan d'Ablois, maître des requêtes honoraire, intendant.

BUREAU DES FINANCES.

1743. Darche de Lauzelou, doyen.
1779. Lajoumard de Belabre, chevalier d'honneur.
1751. Chaud de Lanet.
1756. De Ventaux.
1757. De Noailhié des Bailes, *aliàs* de Baille.
Durand de la Couture.
1761. Baillot d'Etivaux.
Tandeau de Marsac.
1767. La Rapidie de Tisseuil.
1768. Maharet de Basty.
1769. Devoyon du Buisson.
Sanson de Royère.
1770. Maillard de la Couture.
1772. Barbarin.
1773. Rossignol de la Combe.
1774. Barny de Romanet.
1777. Benoît d'Etivaux.
1778. Gaultier de Villemonjeanne.
Leobardy de Mazan.
1779. Durand de Richemont.
1782. Goudrias de Clary.
De Verdillac.
Bigorie du Chambon.
1784. Faulte du Buisson.
1785. Jacob de Monloisir.

Gens du Roi.

1765. Vaucorbeil de Bachelerie, avocat du Roi au domaine.
1773. Devoyon fils, procureur du Roi au domaine.
1768. Roulhac de Roulhac, procureur du Roi aux finances.
1782. Robineau de Gajoubert, avocat du Roi aux finances.

Greffiers en chef.

1783. Cornil de la Vergne.
1766. Besse du Peyrat.
1768. Daniel de Monteil.

Receveurs généraux des finances.

Julien.   Guyot de Montgrand.

Fermes générales.

De Beaulieu, directeur.   De Lage, contrôleur.
Petit, receveur.   Malpeyre, receveur.
Senemaud, contrôleur.   Des Rozières, contrôleur.
De Marianne, receveur.

Ponts et chaussées.

Maillard de la Couture, trésorier de France, commissaire.
De Cessart, inspecteur général.
Cadié, ingénieur en chef.
Dumont, inspecteur à Limoges.
Perier, inspecteur au département du Bas-Limousin.
Munier, inspecteur à Angoulême.

Administration des haras.

Le marquis de Tourdonnet, directeur général.
Le vicomte de Joussineau, commissaire inspecteur.
Dauphin de Lacadou de Gourssac, commissaire inspecteur.
Maillard de la Couture, inspecteur.

(*État des Cours de l'Europe et des provinces de France*, 1788, par M. l'abbé de la Roche-Tillac.)

www.ingramcontent.com/pod-product-compliance
Lightning Source LLC
Chambersburg PA
CBHW060509050426
42451CB00009B/895